ARNAL

ARNAL.

LES CONTEMPORAINS

ARNAL

PAR

EUGÈNE DE MIRECOURT

PARIS — 1857

CHEZ L'AUTEUR
48, rue des Marais-Saint-Martin
Et chez tous les Libraires de France
et de l'Étranger

L'auteur et l'éditeur se réservent le droit de traduction
et de reproduction à l'étranger.

ARNAL.

Paris a vu naître le célèbre comique dont trois générations se flattent d'avoir applaudi le talent plein de verve et d'originalité.

La 31 décembre 1798 est la date de la naissance d'Etienne Arnal.

Il reçut le jour dans une de ces arrière-boutiques ténébreuses et malsaines où se claquemure forcément le petit commerce parisien.

Plusieurs fois, à ses moments perdus, Arnal s'est avisé d'enfourcher Pégase.

On nous apporte une *Épître en vers*, où il donne à son camarade Bouffé des détails sur son enfance. Nous en citerons quelques fragments.

Ne va pas m'en vouloir ni me déprécier ;
Je suis tout simplement le fils d'un épicier.
Mon père, si j'en crois les gens du voisinage,
Faisait avec ma mère un fort mauvais ménage.
L'un de l'autre, un beau jour, voulut prendre congé.
Dans le lot maternel je me vis adjugé.
. . . .

Je n'eus dans mon enfance aucun doux privilége.
Élévé pauvrement, loin des murs d'un collége,
Un frère ignorantin, vu l'esprit qu'il avait,
En assez peu de temps m'apprit ce qu'il savait.
Bientôt mon cœur battit dans ma poitrine d'homme;
J'étais à quatorze ans soldat du roi de Rome.

Effectivement, en 1812, on formait une garde à l'héritier de César.

Arnal en fit partie.

Le goût des armes ne lui vint, du reste, qu'après avoir essayé de plusieurs autres professions. Ainsi, dès l'âge de neuf ans, on l'avait envoyé en apprentissage chez un ciseleur; puis il était entré comme employé à la Monnaie, dans le comptoir des pièces de cinq francs.

Or, les lauriers du champ de bataille, qui enflammaient alors l'imagination de tant de jeunes Français, tentèrent violemment Étienne; il résolut de courir à cette moisson glorieuse, au lieu d'aligner du matin au soir des piles d'écus, sans avoir le droit de mettre une seule pièce dans sa poche.

Une fois enrôlé sous la bannière de l'Empire, Arnal se sentit du bois dont on fait les maréchaux de France.

Il saisit le mousquet avec enthousiasme et devint bientôt d'une habileté rare dans le maniement des armes.

On l'incorpora dans les pupilles.

Six mois après, il fut nommé sergent instructeur au 12ᵉ régiment de tirailleurs de la jeune garde, et passa successivement avec la même qualité au 13ᵉ et au 14ᵉ.

Sous les drapeaux, notre futur comédien était réputé pour un sabreur de premier choix.

Tous ses camarades vantaient ses talents en escrime et le surnomaient le *bourreau des crânes*.

Lors de l'invasion de 1814, Arnal se porta l'un des premiers à la défense du pont de Neuilly et s'y comporta avec honneur. Sans les désastres qui vinrent mettre un terme à ses exploits guerriers, tout en renversant le colosse de gloire de l'Empire, la France, aujourd'hui, s'enorgueillirait peut-être du maréchal Arnal, duc de n'importe quoi.

Si nous avons perdu un bon capitaine, à coup sûr nous avons gagné un excellent comédien.

Nouvelle preuve que tout est pour le mieux dans le meilleur des mondes.

Cependant un détail assez curieux semblerait prouver que la gloire des armes n'était que secondaire dans l'esprit de notre héros, car il refusa, vers cette époque, l'épaulette de sous-lieutenant, pour se livrer à une entreprise industrielle qui lui promettait d'assez beaux bénéfices : il soumissionna les fournitures au dépôt du régiment avec le maître tailleur du corps.

Mais la Restauration coupa court à ses espérances de fortune et à celles de son associé.

Renonçant à servir les rois légitimes, et jetant décidément aux orties le bâton de maréchal que tout soldat français porte dans sa giberne, Étienne se demanda quelle profession il allait embrasser pour vivre.

Il entra, comme brunisseur, dans les ateliers d'un fabricant de boutons, nommé Hesse, chez lequel il gagna cinq francs par jour, pendant trois ans.

Ce fut dans cet humble métier que la passion du théâtre vint le saisir.

Le dimanche, au lieu de suivre ses camarades dans les guinguettes de la banlieue, il allait jouer chez le fameux Doyen, qui dirigeait alors un petit théâtre de société dans le quartier Saint-Denis.

Doyen se vantait à tout venant d'avoir été le maître de Talma.

C'est lui qui, jouant dans les *Vêpres siciliennes*, criait, sans sortir de scène :

« — Ma femme, apporte le chaudron : voici l'heure de sonner les vêpres ! »

Arnal, comme cela est arrivé, du reste, à presque tous les grands comiques, se croyait la vocation de la tragédie et du mélodrame.

Figurez-vous le succès qu'il dut y obtenir !

Il remplit successivement le rôle de Fayel dans *Gabrielle de Vergy*, du général français dans la *Veuve du Malabar*, et enfin de *Mithridate*.

Laissons-le de nouveau parler lui-même :

Je n'ai point oublié cette fatale date :
Nous étions chez Doyen, je jouais Mithridate ;
Du fougueux roi de Pont, l'ennemi des Romains,
Je peignis les fureurs et des pieds et des mains.

Mon public fut saisi de ce rire homérique
Qui charmait tant les Dieux sur leur montagne antique;
La pièce était finie et l'on riait encor
De ma barbe superbe et de mon casque d'or.
Un tel effet conquis dans les rôles tragiques,
Semblait me destiner à l'emploi des comiques,
Aussi, dès ce moment, se trouvant bien jugé,
Mithridate devint *Jocrisse corrigé*[1]

« Comme je faisais beaucoup rire, ajoute Arnal dans une lettre autographe que nous avons sous les yeux, je pensai à prendre les rôles comiques, et l'auditoire alors devint plus sérieux.

« L'idée me vint de me présenter au théâtre des Variétés. On me répondit qu'on n'avait besoin de personne. »

1. Titre du premier vaudeville dans lequel il débuta.

Se voyant repoussé comme acteur, Etienne réduisit son ambition à l'humble office de comparse.

Brunet dirigeait alors les Variétés.

Il consent aussitôt à m'entendre, à me voir ;
Là, j'expose en tremblant mes projets, mon espoir ;
Le bonhomme à mes vœux s'empresse de souscrire.
Mon air un peu niais, je crois, le fit sourire..
— Je vous reçois, dit-il, d'un ton des plus moqueurs ;
Dès demain, vous pouvez débuter... dans les chœurs.

Nous continuons de citer la lettre d'Arnal.

« En ce temps-là, dit-il, c'est-à-dire en 1817, il y avait beaucoup d'excellents acteurs comiques aux Variétés. Je fus obligé, pour parvenir à jouer un peu, de prendre l'emploi des amoureux. Cependant, par la suite, quelques petits rôles comiques me furent confiés [1].

« On m'avait donné, en entrant, trois cents francs d'appointements mensuels. Ils augmentèrent peu à peu.

« Je quittai les Variétés, en 1827, pour entrer au Vaudeville, où je remplaçai Guénée, qui passait aux Nouveautés. »

Les débuts de notre artiste sur cette nouvelle scène furent difficiles. On ne le siffla point, mais on l'accueillit sans enthousiasme.

---

[1]. Il resta dix années durant, à ce théâtre, et n'y remplit absolument que l'emploi de *bouche-trous*, comme on dit en argot de coulisse.

Ce comédien, à l'aisance aujourd'hui si merveilleuse, fut très-longtemps à acquérir l'habitude des planches. La vue du public lui troublait l'esprit et la mémoire; il était toujours gêné sur le théâtre et ne pouvait vaincre l'embarras et la gaucherie qui paralysaient ses qualités naturelles et ses incontestables moyens.

Néanmoins, à force de paraître souvent, tous les jours, en scène, il finit par triompher des obstacles.

Cette victoire lui a coûté bien des fatigues et bien des peines.

Bref, les auteurs commencèrent à lui confier de ces rôles importants, qui donnent en quelque sorte à ceux qui les jouent la responsabilité d'une pièce.

Il se lança dans les *Potier*.

Dès ce moment, l'étoile d'Arnal brilla de toute sa splendeur.

Un de ses premiers triomphes fut *Renaudin de Caen*, de MM. Duvert et Lausanne, deux écrivains dramatiques dont il a fait la réputation et qui, nous devons le dire, se sont montrés pleins de gratitude envers le comédien, en ne s'inspirant guère que pour lui.

Arnal leur doit ses plus magnifiques succès au théâtre.

Sur la scène du Vaudeville, notre héros trouva un compère, qui semblait avoir été créé et mis au monde tout exprès pour lui donner la réplique.

Nous parlons de Lepeintre jeune, ce gros et délicieux bonhomme, qui ne se souvenait plus d'avoir vu ses pieds dans la position verticale et à qui l'on doit la création des *poussahs*.

Un journaliste disait alors, en parlant d'Arnal :

« C'est l'insouciance et le rire incarnés sur le théâtre. Il arrive, la tête levée, fort peu soigneux de telle ou telle convenance. Son regard est rempli de je ne sais quel égarement. Sa voix a un timbre aigu qu'il fait entendre comme un cri bizarre, et puis il a trouvé un sérieux si comique et un comique si sérieux qu'il est impossible de résister à cet état de mélange, inconnu jusqu'à lui, et qui provoque toute une salle à pousser des éclats de rire à fendre une voûte.

« Si Arnal s'attendrit, il n'y aura plus moyen d'y tenir. Vous verrez tout le monde se tordre dans des convulsions dont rien ne peut donner l'idée.

« Arnal, c'est le type même de la farce.

« C'est une moquerie vivante; c'est la bêtise la plus complétement spirituelle; c'est le Béotien pris sur le fait et dont le portrait est peint avec les plus grotesques couleurs.

« Il provoque ces transports désespérés, cette frénésie du rire avec la gravité la plus imperturbable.

« On a dit souvent qu'Odry avait fait son public. Arnal a non-seulement fait un public, il l'a élevé à sa manière; il lui adresse un langage particulier.

« Arnal a des mots entre le parterre et lui.

« Qu'on ne lui reproche pas d'avoir suivi à cet égard l'exemple de Potier. Celui-ci causait avec finesse et prétention lorsqu'il parlait au spectateur. Arnal lui adresse au contraire la parole en face, brusquement et sans préparation. Il lui envoie tout ce qu'il veut, raillerie contre lui-même, raillerie contre la pièce qu'il joue, raillerie contre les personnages.

« Tout est bon pour Arnal, et d'Arnal tout est bon. C'est peut-être le comédien le plus aristophanesque qui ait paru sur la scène. »

Voilà, certes, une peinture touchée de main de maître.

Les traits d'Arnal ne sont pas mobiles. Sa figure, abominablement grêlée, n'a pas une expression comique spécialement indiquée; son visage manque de ce caractère qui commande le rire; mais il est doué d'une de ces contradictions de physionomie inexplicables qui révèlent l'homme tout entier.

Ses yeux sont privés d'animation pour ainsi dire; son regard est fixe, atone; mais sa bouche a le sourire prompt, sardonique, mordant, plein de causticité : de sorte qu'on a une peine infinie à résister à cet aspect, calme, ouvert, étonné au sommet, frondeur et malicieux à la base.

Cette caricature naturelle qui est en lui est bien plus divertissante que l'art des hommes n'aurait pu la faire.

Et cela est si vrai qu'Arnal ne peut supporter ni grime, ni travestissement. S'il a obtenu quelques rares succès sous la cornette et sous le bavolet, c'est qu'il avait le bon sens de ne pas trop altérer sa forme primitive.

On se laisse aller sans retenue, lorsqu'il imprime à sa physionomie le double mouvement signalé plus haut.

Les applaudissements éclatent.

Il les réduit, il les apaise, il les renouvelle, il les calme, il les précipite à son gré.

Jamais on n'a tenu de la sorte les rênes du rire.

Arnal a sur les autres comédiens un avantage qui fait sa force : il est véritablement lui-même ; il sait varier ses effets comme on varie un costume. Arnal de *Madame Grégoire*, Arnal de *Marguerite*, Arnal de la *Vie de Molière* et Arnal de *Un de plus* ne se ressemblent que par un point commun : l'aplomb sous la rampe et le magnétisme infaillible produit sur le public.

Il en est venu à ce point que la seule annonce de sa présence fait monter le rire du parterre jusqu'aux amphithéâtres voisins des combles.

A tout cela il y a une cause.

Si Arnal fait son public, si le public est

soumis à Arnal, c'est que notre acteur, lui aussi, est fait par le public, auquel il a commencé par obéir scrupuleusement. Il écoute les bravos, et il apprend de la sorte à les faire naître; il devine les élans sympathiques; il étudie les goûts, les commente et les dirige.

Avec de pareilles qualités, il se moque des aristarques du journalisme [1] et de tous les Janin possibles.

Pour lui, l'attention du public est la

---

[1]. Le rédacteur d'une feuille de théâtre lui ayant demandé des notes par écrit, il répondit — « Monsieur, vous m'avez fait l'honneur de me demander des notes pour l'article biographique que vous vous proposez de publier; je n'en ai point à vous fournir. Si, comme acteur, je vous suis inconnu, veuillez

seule règle; c'est le seul pouvoir qu'il consente à reconnaître.

Il a parfaitement raison.

« On conçoit, dit Eugène Briffaut, qu'à un acteur qui s'éloigne tellement de toutes les conventions il faille des rôles et un langage en dehors des habitudes et des précédents ordinaires. M. Duvert s'est rencontré; il a créé le vaudeville d'Arnal et la farce qui lui était providentielle. Ce vaudeville est insensé; il est extravagant à outrance dans ses faits, dans ses gestes, dans

prendre la peine d'envoyer un matin chez moi, il y aura toujours un billet de *deux places* à votre disposition. » — Cette réponse lui valut un article fort méchant, dont il fut enchanté, et qu'il préféra à une notice de complaisance.

son langage; il contrarie à la fois les mots et les idées; il les bouleverse, les confond et se plaît au renversement de la pensée et de la grammaire.

« Interprète de ces conceptions désordonnées, Arnal est admirable.

« Ce langage bizarre comme sa voix, ces expressions grotesques comme ses mouvements et ses lazzis, cette action et cette langue qui aiment à confondre toutes les notions reçues, lui conviennent à ravir.

« Dans ce trouble général, dans ce chaos de la farce, il est heureux, satisfait et le plus aimable du monde. Il soulève de tous côtés un rire extravagant, immense, qui éclaté comme une solennelle protestation contre toute raison. »

Nous parlions de Lepeintre jeune, dont le talent complétait pour ainsi dire celui d'Arnal.

Voici une appréciation remarquable de ces deux artistes que nous empruntons au *Cabinet de lecture* de 1832 :

« A côté d'Arnal, prince des fous, on trouve un acteur introuvable, un phénomène vivant, un vrai morceau d'histoire naturelle : Lepeintre jeune, puisqu'il faut l'appeler par son nom, Lepeintre, prince des *niais*.

« Arnal prendra Lepeintre jeune par la main, le posera en face d'une brillante société, l'expliquera, le disséquera, puis dira au parterre, en lui montrant ce gros être :

« — Ce que vous voyez là, on pense que c'est un homme ; cette excroissance de chair que vous apercevez entre le menton et la bouche, vous semble devoir être un nez ; ceci ressemble à des bras, et cela pourrait bien être des jambes !

« Et alors un colloque s'établira qui ne ressemble plus à quoi que ce soit d'humain ; et ce sera presque un cours d'anatomie comparée ; et, pour arriver d'un mot jusqu'au sublime genre, Lepeintre dira à Arnal :

« — Comment vous portez-vous ?

« Et Arnal répondra à Lepeintre :

« — Vous en êtes un autre ! »

« Or, ces extravagances seront débitées de la façon la plus exhilarante qu'on ait jamais imaginée. Le vaudeville, né français, ne parlera plus aucune langue, et cependant tous les exotiques riront : l'Allemand rira, l'Italien rira, l'Anglais rira; car, si l'étranger ne peut comprendre les acteurs, il les verra du moins; et c'est assez.

« Gloire vous soit rendue, ô Arnal ! ô Lepeintre ! Vous avez grandi le domaine de la folie, vous avez dépassé les colonnes de l'absurde ! »

Au Vaudeville, Étienne obtint d'innombrables succès.

Nous nous contenterons de citer les principaux : *Heur et Malheur*, de M. Duvert ; *les Envies de Madame*, de M. Rochefort ; *les Cabinets Particuliers*, de MM. Duvert et Xavier...

Mais arrêtons-nous à cette pièce dont on n'a pas oublié les originalités fantasques.

Placé au balcon, et voyant sa femme sur le point de pénétrer dans l'un des susdits cabinets, Arnal se lève et s'écrie tout à coup :

— Madame n'entrera pas ! ma femme

ne jouera pas avec M. Hippolyte, je m'y oppose !

— A la porte ! à la porte le brailleur ! s'exclame un individu de l'orchestre.

C'est Ballard.

— Monsieur, vous troublez le spectacle, reprend Perrin, placé au balcon.

Arnal braque sa lorgnette sur ce dernier et, s'adressant au public :

— C'est un huissier, dit-il.

— Monsieur ! vous m'en rendrez raison !

Enfin, le chatouilleux mari, après avoir décliné sa profession de marchand de briquets phosphoriques, montré au public des échantillons à *douze* et à *vingt*, et distribué partout ses adresses; après avoir fait la biographie de sa femme, qui débute sous le nom de madame Gavet, conçoit l'idée de jouer avec elle le rôle de M. Hippolyte, pour ne point priver les spectateurs d'une pièce sur laquelle l'administration fonde les plus riches espérances.

— Ma foi, s'écriait un mari bénévole qui assistait à la première représentation des *Cabinets Particuliers*, si j'étais trompé par ma femme, et qu'Arnal vînt tout naïvement s'avouer le complice de la chose, je ne sais trop si je le mettrais à la porte.

— Et moi, reprit un autre époux, je

surprendrais ce gaillard-là dans les bras de mon infidèle, que je ne pourrais m'empêcher de rire!

Pour la gloire du mariage, espérons que ces deux enthousiastes n'auraient pas beaucoup d'imitateurs.

Les autres pièces où Arnal se distingua sont: *Jean de Vert*, de MM. Scribe, Mélesville et Carmouche; — *Un Château pour vingt sous*, par MM. Gabriel et Dumersan; — *les Femmes d'emprunt*, de MM. Desvergers et Varin, où il remplit le rôle d'Onésime, vaudevilliste ordinaire de madame Saqui, et où il obtint un succès prodigieux; — *Est-il fou?* de MM. Xavier et Duvert;

— *C'est encore du bonheur*, de MM. Arnould et Lockroy ; — *Un Bal d'ouvriers ;* — *Une Passion ;* — *Jacquemin, roi de France*, de MM. Duvert et Lausanne ; — *Monsieur Galochard*, des mêmes auteurs ; — *Un Bal du grand monde*, de MM. Varin et Desvergers ; — *les Malheurs d'un joli garçon ;* — *les Alsaciennes ;* — *le Chiffonnier ;* — *Harnali ;* — *le Mari de la dame de Chœur*, de Bayard ; — *Le Poltron ;* — *le Cabaret de Lustucru ;* — *les Gants jaunes ;* — *l'Humoriste ;* — *Passé minuit ;* — *Arnal capitaine de voleurs* et *l'Homme Blasé*, de MM. Duvert et Lausanne ; — *Riche d'amour ;* — *les Erreurs du bel âge*, et *Croque-Poule*, assez piètre vaudeville de M. Rozier, qui a pris sa revanche en écrivant pour notre acteur cette pièce ravissante de *la Mort de Figaro*, où l'on voyait l'audacieux barbier devenu révolutionnaire et jacobin.

Le jeu d'Arnal doubla le mérite de l'œuvre.

N'oublions pas *Malbranchu, greffier au plumitif*, de MM. Duvert et Lausanne ; — *A la Bastille*, des mêmes ; — *J'attends un omnibus*, de M. Gabriel ; — *le Pont cassé ;* — *le Supplice de Tantale ;* — *Monsieur de La Palisse ;* — *le Diable ;* — *Mesdames de Montenfriche*, et *l'Assassinat de la rue de Lourcine*.

Tels sont, jusqu'à ce jour, sauf omission, les rôles les plus remarquables d'Arnal sur les différentes scènes où il a paru.

La plus grande partie de sa carrière dramatique s'est écoulée au Vaudeville ou aux Variétés.

Il a fait au Gymnase une courte apparition, et les spectateurs de ce théâtre n'apprécièrent pas plus le genre de notre artiste qu'il n'a été goûté tout récemment par le public du Palais-Royal.

Mais remontons le cours des âges.

Si nous ne voulons pas démériter de vous, chers lecteurs, il faut vous narrer par le menu la vie du héros que nous mettons en scène.

A l'époque où Arnal faisait si obscurément ses débuts sous la rampe des Variétés, il s'éprit de la fille du perruquier du théâtre, et l'épousa.

Cet estimable fonctionnaire s'appelait Duflot.

Il a donné le jour au célèbre Hyacinthe du Palais-Royal, qui se trouve de la sorte beau-frère d'Arnal.

Peu de personnes sont instruites de cette particularité. Tous rapports autres que les rapports rendus nécessaires entre ces deux artistes par leur présence simultanée sur les mêmes planches, n'existent pas, attendu le mariage d'Arnal n'a pas été plus heureux que celui de son père. Il y a des familles prédestinées.

Lors de la révolution de juillet 1830, il arriva à Étienne une assez plaisante aventure.

Ce n'était plus alors le guerrier fougueux et imberbe qui s'illustrait, quinze années auparavant, dans un bataille contre les Cosaques.

Ses idées avaient pris un autre cours.

De sa fenêtre, il suivit d'abord avec une indifférence philosophique les phases de la lutte engagée dans la rue. Puis, ne se souciant pas de laisser trouer par quelque balle la peau du premier acteur du Vaudeville, il se retira prudemment et matelassa la fenêtre ; car, aux environs du Louvre, près duquel il logeait, la fusillade était terrible.

Bientôt il se fit cette réflexion éminemment sensée.

— Ah! çà, diable! les Suisses et le peuple peuvent avoir de l'artillerie, et quelque boulet saugrenu va pénétrer peut-être dans ma chambre?

Pour parer à tout événement, il cherche un refuge au fond de sa cuisine, située sur le derrière de la maison.

Là, du moins, il peut essayer sans péril de résoudre un problème qui le tourmente. Il ne se demande pas si Charles X va se tirer honorablement d'affaire, mais il cherche comment son directeur trouvera moyen de lui payer ses appointements à la fin du mois.

Soudain il est arraché à ses méditations par un vacarme affreux.

On enfonce la porte de son logement à coups de crosse de fusil. C'est une troupe d'insurgés qui s'empare de son domicile pour fusiller plus aisément les Suisses par les fenêtres qui donnent sur la rue.

Ils offrent un fusil à Étienne, qui le refuse modestement.

Alors, un enragé, en manches de chemise, le saisit par le bras et le somme de se battre avec le peuple, s'il ne veut pas être traité en ennemi du peuple.

La voix de cet homme n'était pas inconnue à Arnal.

Raffermissant ses lunettes sur son nez, il examine avec attention la figure de son interlocuteur, tressaille, examine encore, et jette un cri de surprise.

Dans ce brave à tous poils il reconnaît un de ses anciens camarades des tirailleurs de la jeune garde, qui, placé à sa droite au moment de la fameuse affaire du pont de Neuilly, avait fait là si triste contenance, que lui, Arnal, le héros du jour, afin de donner du cœur à ce soldat défaillant, avait du menacer de lui insinuer dans l'abdomen quelques pouces de sa baïonnette.

— Tiens, c'est toi, mon gaillard ! s'écrie Étienne : il paraît que nous avons changé de rôle ?

Reconnaissance, attendrissement, coup de théâtre.

Le brave d'autrefois et le brave du jour tombent dans les bras l'un de l'autre, protestent qu'ils sont enchantés de se revoir et se jurent une amitié éternelle qui dura..... près d'une semaine.

Il ne faudrait pourtant pas conclure de

ce récit que notre comédien est essentiellement pacifique.

Parfois il a des réminiscences de son ancien héroïsme, et le libraire Bréauté en témoignerait au besoin.

Cet éditeur avait fait paraître, en 1837, un ouvrage intitulé : *La Rampe et les Coulisses*, par Léonard de Géréon [1], dans lequel Arnal se trouva gravement offensé. Il se transporta au plus vite passage Choiseul, afin de connaître le nom et l'adresse de l'écrivain.

N'ayant pu l'obtenir, il se livra, dans sa rancune, à des mots et à des gestes qui au-

1. Eugène Routeix.

raient bien pu l'amener en police correctionnelle, si les torts n'avaient commencé d'autre part.

Victor Herbin, dans la *Gazette des Théâtres* de 1838, raconte une anecdote qui vient confirmer ce que nous avons dit sur le caractère résolu d'Arnal.

Dégoûté du service des bonnes, notre comédien qui venait de renvoyer la sixième depuis un mois, essaya pendant trois jours de vivre de salade et de confitures; mais, ayant reconnu l'insuffisance de cette alimentation, il choisit pour domestique un ex-caporal de la vieille garde qui, avant de gagner ses chevrons, s'était illustré en faisant la soupe du régiment.

Du reste, propre, honnête, moustaches luisantes, mains en bon état.

Lodi, — c'était le nom du grognard, nom de guerre apparemment, — n'avait jamais vu dans sa vie qu'un artiste dramatique, artiste sublime et favori de son emreur, Talma.

Il n'avait jamais assisté qu'à une seule pièce, à une tragédie, composée tout exprès pour son empereur, le *Triomphe de Trajan.*

Une seule fois il était entré dans un théâtre, et dans celui de son empereur, le Théâtre-Français.

Aussi Lodi, complaisant, exact, dévoué,

respectueux jusqu'à la vénération, ne prononçait jamais le nom de son maître sans ôter sa casquette.

Voulant le récompenser, un jour, Arnal lui permet d'aller au spectacle.

— Puis-je y conduire une de mes cousines ? demande le grognard en faisant le salut militaire.

— Conduis-en deux, si bon te semble ! répond le comédien.

Lodi était au septième ciel.

Il se rappelait toujours Talma et le *Triomphe de Trajan*, ce qui veut dire qu'il s'attendait à voir son maître, la couronne sur la tête, et vêtu de la pourpre impériale.

Or, on jouait le *Poltron*.

Figurez-vous le saisissement du vieux caporal, à l'aspect de notre acteur, qu'il avait peint d'avance à sa cousine sous la physionomie la plus majestueuse et la plus imposante. Il sentit le rouge de l'indignation lui brûler les joues, à la vue des insultes dont on accablait son maître; il eut des tressaillements de rage au spectacle de ses terreurs, et manqua de s'évanouir, quand il le vit reculer devant une provocation.

Tout à coup, dans la pièce, comme on se le rappelle, Arnal reçoit un coup de pied à l'endroit où l'échine se transforme, sans paraître pour cela plus ému.

C'en est trop.

Lodi se lève, bouillant de colère.

Il veut bondir sur la scène, afin de remplacer l'homme dont il rougit d'être le serviteur, et qui ose, en présence de deux mille personnes, se conduire avec autant de poltronnerie.

Sans aucun doute il se serait porté aux derniers excès, si on ne l'eût arrêté et mis à la porte.

Notre grognard rentra, bien décidé à demander son compte, le soir même, et à ne pas coucher sous le toit d'Arnal. Mais, comme celui-ci tarda beaucoup à revenir, Lodi, harassé, vaincu par toutes les émotions de cette soirée fatale, remit au lendemain l'exécution de son projet.

Il se coucha, s'endormit, et ne rêva que du *Poltron*.

Tandis que ce digne serviteur, victime de son ignorance de l'art dramatique, calomniait innocemment son maître, Arnal, qui sait fort bien comprendre la dignité de l'homme sous le costume bourgeois et la défendre au besoin, châtiait juste, ce soir-là, certain malotru qui lui avait manqué en dehors des fictions de la scène.

Deux témoins sonnaient, le lendemain, à la porte de l'artiste.

Etienne, qui s'était couché tard, dormait comme un bienheureux. Ils furent donc obligés de s'adresser à Lodi, en lui expliquant le motif de leur visite.

— Miséricorde! un cartel à mon maître! vous n'y songez pas! dit le brave homme, haussant les épaules avec un souverain mépris.

Aussitôt il leur explique, sans détours et sans périphrases, qu'Arnal est le plus poltron des hommes, que la simple vue d'une épée le fait pâlir, et qu'il tombe en défaillance en entendant un coup de pistolet.

— Vous pouvez me croire, leur dit-il. Hier encore, devant moi, sous mes yeux, il s'est laissé honteusement insulter jusqu'à la bride; on l'a même frappé sans qu'il exigeât satisfaction.

Comme l'ancien caporal achève de donner ces détails peu flatteurs, survient Arnal, réveillé par le bruit, et devinant la cause qui lui amène une visite aussi matinale.

— Messieurs, dit-il en saluant avec politesse les amis de son adversaire, je suis entièrement à vos ordres pour le lieu et les armes. Quant à l'heure je la fixerai moi-même si vous le voulez bien, ce sera tout de suite et sans retard ! Je m'attendais à votre démarche ; mes témoins sont prévenus, nous allons les prendre, en passant, à leur domicile. Une voiture ! ajoute l'artiste en se tournant vers le grognard stupéfait.

Lodi tombe des nues et se croit sous l'empire d'un songe.

Quelque temps après, le personnage qu'Arnal a châtié, la veille, reçoit une seconde leçon sous une avenue solitaire du bois de Boulogne, et le comédien rentre tout joyeux, avec l'appétit d'un homme satisfait du commencement de sa journée.

Repentant, confus, presque au désespoir, Lodi se précipite aux genoux de son maître, et pleure comme un veau, en lui demandant pardon d'avoir douté de son courage.

— N'importe, dit-il, à votre place, je casserais les reins à l'auteur qui ose vous faire une pièce de ce genre-là!

Jamais Arnal n'a pu suppprter les claqueurs.

Il aime bien mieux les rires de bon aloi que les applaudissements de commande. Souvent dans divers théâtres, il a eu maille à partir avec le chef des Romains de service.

Voici à ce sujet une histoire que donne M. Théodore Nezel.

Un jour Arnal s'amusa, dans son rôle, à faire semblant de prononcer certain mot qu'on avait l'habitude d'applaudir ; mais il ne l'articula point, et les claques de se faire entendre comme à l'ordinaire.

Quand elles eurent cessé, l'artiste prononça le mot, et, d'un geste, fit apercevoir au public la maladresse de ces messieurs.

Toute la salle hua nos Romains, et le directeur, après la pièce, les houspilla d'importance.

— Ah! monsieur, je vous prends à témoin, soyez juste, dit le chef de claque à Arnal : ce n'est pas nous, ce soir, qui avons applaudi trop tôt; c'est vous qui avez dit le mot trop tard!

Comme tous les auteurs aimés de la foule, Etienne se permet parfois des licences qui seraient sévèrement réprimées chez d'autres artistes. Il charge ses rôles avec un aplomb superbe et raconte au public de folles aventures, entièrement dues à son imagination burlesque, et où l'auteur de la pièce n'a rien à réclamer.

Ainsi, quand le Vaudeville était encore rue de Chartres, deux personnes, munies de billets de faveur, trouvèrent la salle pleine et firent du tapage en voulant contraindre les ouvreuses à leur donner des places.

Interrompu dans son rôle, Arnal demande la cause de ce tumulte, et quand on la lui eut expliquée :

— « Bon ! dit-il, un billet de faveur, je connais cela. Pas plus tard qu'hier j'y ai été pincé moi-même. Figurez-vous que j'avais envie d'aller voir Arnal au Vaudeville... Arnal, vous savez ?... On me parlait toujours de ce gaillard-là : ma foi, j'ai voulu le connaître. Virginie, d'ailleurs, me tourmentait pour la conduire au spectacle. Qu'est-ce que Virginie ? allez-vous me dire. C'est une modiste de ma connaissance...

« N'en demandez pas davantage ! »

Il n'y avait jusque-là, dans ce récit, rien d'extraordinaire, et cependant la salle éclatait en bravos.

— « Donc, reprend Arnal, je me procure deux billets de faveur chez le perruquier du coin de la rue de Chartres. Premières loges, un franc de droit par personne... ce n'était pas cher! et je monte à la chambre de Virginie.

« Elle faisait sa toilette.

« Je lui propose tout naturellement de lui servir de femme de chambre, afin d'aller plus vite et de ne pas manquer l'heure du spectacle. (Ici la description de la toilette de Virginie, description passablement risquée et difficile à reproduire.) Enfin Virginie est prête ; nous partons.

« Au contrôle, je présente mon billet.

« — Premières loges... Elles sont toutes prises; me dit le contrôleur.

« — Diable! Alors donnez-moi une seconde. Ça nous est égal, n'est-ce pas Virginie?

« Ma compagne hocha la tête et fit la moue; car elle avait un magnifique chapeau rose, et, dame! elle voulait le montrer un peu : c'est tout simple.

« — Bah! lui dis-je, à la guerre comme à la guerre. Montons aux secondes.

« — Allez d'abord prendre un supplément, fait le contrôleur.

« — Hein ?

« — Je vous dis qu'il faut prendre un supplément : passez au bureau !

« Ça me paraît drôle... Un supplément pour changer des premières en secondes !... Enfin n'importe ! Je donne quarante sous de supplément, et nous montons deux étages !

« — Vous arrivez trop tard, je n'ai plus la moindre place, nous dit l'ouvreuse : voyez aux troisièmes.

« — Hélas ! mon chapeau ! murmura Virginie.

« Pauvre chatte mignonne ! elle avait les larmes aux yeux. Nous montons, et l'ouvreuse des troisièmes nous dit :

« — J'ai deux places ; mais vous me donnez-là des cartes de secondes. Avez-vous un supplément ?

« Cristi !... Je vous avoue que la moutarde commençait à me monter au nez, d'autant plus que le rideau se levait et que nous allions perdre le commencement de la pièce. Que faire ? Un esclandre... quand un acteur comme Arnal est en scène... Allons donc ! ce serait inconvenant et malhonnête, n'est-il pas vrai, Virginie ? Je me maintiens et je redescends trois étages.

« — Trente sous ! me dit la femme aux suppléments.

« Je paye et je remonte.

« Mais pendant ce temps-là, deux autres personnes étaient venues; l'ouvreuse les avait placées, et il nous fallut monter au paradis.

« On ne nous demanda plus de supplément.

« C'était heureux!

« Mes billets de faveur me revenaient à trois francs chaque environ, et nous étions aux places à quinze sous.

« Virginie pleurait de colère.

« Par bonheur, Arnal était en scène et disait un tas de bêtises... Où diable cet animal là va-t-il chercher tout ce qu'il débite?... Je ne pense plus aux places à trois francs et je me tiens les côtes. Virginie éclate à son tour et rit bientôt plus que moi. Toutes nos mésaventures sont oubliées... Ah! le drôle de corps!... Vivat, Arnal! vivat!

« Je veux être pendu, si Virginie pensait encore à son chapeau rose.

« Elle riait, elle riait!... Bref, elle a tant ri, que les voisins d'au-dessous se mirent à crier, en se levant et en abandonnant leurs places à la hâte :

« —Qui est-ce qui *rit* donc comme ça, là haut? »

Racontée, cette improvisation bizarre

perd beaucoup de son effet comique. Il fallait voir Arnal lui-même et l'entendre.

En scène, il a le mérite de la riposte vive et des phrases d'à-propos.

Vers 1833 ou 1834, époque où le petit journalisme et la caricature vilipendaient Louis-Philippe au sujet du fameux système de la *paix à tout prix,* il jouait tous les soirs dans le *For-l'Evêque.*

Tout à coup, au milieu de ses ébats sur la scène, son épée, qu'il portait en sautoir, s'embarrasse dans ses jambes, s'échappe et tombe.

Il la ramasse au plus vite, la brandit avec orgueil, et crie aux spectateurs :

« — Morbleu! vous n'allez pas dire,

j'espère, que celle-ci ne sort jamais du fourreau ! »

La salle faillit crouler sous les applaudissements.

Hors de ses rôles, dans les coulisses comme à la ville, Arnal montre une humeur lycantropique et bizarre. Il n'a pas le talent de se faire aimer.

Nous avons entendu bien des personnes l'accuser de manquer de fraternité artistique.

On va même jusqu'à dire qu'il refusa toujours de jouer gratuitement, même à certaine représentation au bénéfice d'une malheureuse mère de famille. Si la chose est vérédique, nous avouons qu'une semblable conduite, chez un artiste, n'a point d'excuse.

Quant au caractère d'Arnal, à son esprit dominateur, à sa nature difficile et fantasque, c'est un fait acquis à l'histoire, et que prouvent surabondamment ses nombreuses querelles avec les auteurs et les directeurs.

L'académicien Ancelot et ce triste Thibaudeau ont été particulièrement fort mal dans ses papiers.

Il leur joua des tours pendables.

Ancelot se mit en colère un jour qu'Arnal,

pour lui faire pièce, prétendait ne pas savoir son rôle dans les *Deux Tambours*; il introduisit un référé, soutint que l'acteur s'était montré magnifique à la répétition générale, et qu'il n'avait pas un seul instant manqué de mémoire.

La justice enjoignit au comédien d'aller s'habiller et de se montrer extrêment drôle, le soir même; ou, s'il ne faisait pas rire le public, à payer au directeur deux mille francs de dommages-intérêts.

Pourquoi non? Le grand sultan Schahabaham faisait bien couper le cou à ceux qui ne s'amusaient pas à ses fêtes.

Arnal obéit au juge.

Le soir, on le voit paraître en tambour,

et il débute par cette boutade singulière.

« — Je *bisque!* je *bisque!* Parole d'honneur, je viens d'avoir bien du désagrément! »

Et le parterre d'applaudir son acteur pour le consoler. Mais, en revanche, il n'écoute pas une scène, siffle à tout rompre, et le vaudeville a une chute honteuse.

Voilà ce que gagnent les directeurs à introduire un référé [1].

---

1. Tant que dura la direction de M. et de Mme Ancelot, Arnal fut rejeté dans l'ombre. Ses rôles à lui, les rôles éclatants de verve et de bouffonnerie, lui manquaient complétement. Ce n'était pas la spécialité des maîtres de la maison.

Notre héros ne connaît pas de plus grand plaisir que celui de faire tomber les pièces qui, par un motif ou par un autre, ne lui agréent pas.

Du reste, il a pour sa profession de comique un véritable enthousiasme, une vénération profonde, et la place volontiers au-dessus de tous les autres emplois du théâtre. Il exagère avec complaisance les difficultés de l'art de faire rire, et il affirme que, pour y exceller, il se forme journellement à l'école des philosophes et des moralistes de tous les âges.

Arnal a lui-même écrit ces choses dans le style le plus sérieux.

Il est fier de l'application avec laquelle il se livre à ses études et du scrupule qu'il apporte à la disposition des moindres détails de ses rôles. Cette vanité rend ses relations journalières âpres et hautaines.

On le redoute, on fuit son voisinage.

C'est le despote des coulisses et de la rampe. Le moindre obstacle l'irrite et tout contradicteur le révolte.

Voici des vers, dans lesquels il se disculpe des mauvais bruits répandus à cet égard sur sa personne. Nous les empruntons à l'*Epître à Bouffé*, comme tous ceux que nous avons cités plus haut.

Un jour tu veux soigner la répétition,
(C'est le terme technique) : ô malédiction!

Ces dames, ce jour-là, parlent de leurs dentelles,
De fichus, de rubans et d'autres bagatelles.
On est interrompu. Toi, pour cette rumeur,
Tu viens de témoigner quelque mauvaise humeur;
C'en est fait, à leurs yeux tu seras détestable;
Pour elles tu n'es plus qu'un homme insupportable.

Voici le lendemain. Tout va donc mieux aller;
Tu le crois, et déjà tu veux te signaler.

Arrive le portier tout chargé de missives.
Ah! ton espoir fait place aux douleurs les plus vives!
Paul prévient qu'entraîné par un fâcheux hasard
Il a passé la nuit au Cancan de Musard.
Flore, à son grand regret, est encore inexacte;
Sa perruche chérie a pris la cataracte;
Elle attend le docteur. Lise est, en ce moment,
Occupée à chercher un nouveau logement.

De l'obstacle, pas un n'a l'âme chagrinée.
On ne répète pas; on perd sa matinée.

Toi seul, qui vois ainsi retarder tes progrès,
Tu laisses échapper des plaintes, des regrets.

Dès lors, à tous les yeux tu n'es que ridicule;
Sur ton compte, à bas bruit l'épigramme circule;
Et chacun à l'instant de répéter en chœur :
« Laissons-là ce monsieur, c'est un mauvais coucheur. »

Quoi qu'il en soit, la critique ne doit regarder Arnal que sous le côté favorable.

Après tout, les exigences tant reprochées à cet excellent comédien ne sont peut-être que les exigences de l'homme de goût, aussi soigneux des plaisirs du public que de sa propre réputation.

Celle-ci, d'ailleurs, est européenne.

Il a récolté des applaudissements d'un bout à l'autre de la province, à Londres, à Bruxelles, et dans les plus grandes villes du continent.

Jamais ils ne lui ont fait défaut, hormis en une seule circonstance, et l'aventure eut lieu nous ne savons plus dans quelle cité picarde.

Arnal, qui jouait *une Passion*, fut accueilli défavorablement, parce que l'acteur, ordinairement chargé des rôles de son emploi, s'affublait le crâne d'un toupet élastique, dont les soubresauts faisaient les délices des spectateurs.

On sut mauvais gré au comédien de Paris d'ignorer cette tradition locale.

Etienne quitta la scène, puis la ville, en jurant qu'on ne le reprendrait plus à jouer devant ces maniaques.

Tout à l'heure nous parlions du scrupule extrême qu'il apporte au moindre détail de ses créations.

En voici un exemple.

Au Vaudeville, un soir, dans un rôle de conscrit, l'ustensilier ne se trouva pas à l'heure du lever de la toile, et Arnal fut privé d'une badine, avec laquelle il entrait habituellement en scène.

Son jeu s'en ressentit, et l'incident donna lieu à un proverbe de coulisses.

Quand notre acteur se trouve mal disposé, quand il n'est pas dans son assiette, on dit qu'il a *perdu son bâton*.

Personne au monde n'est plus difficile qu'Arnal dans le choix des pièces et des rôles. Ses engagements sont hérissés de restrictions et de clauses rédhibitoires. Ils contiennent presque toujours les articles qui vont suivre :

1º Il recevra ses pièces lui-même.

2º On lui payera, tous les soirs, dans sa loge, ses feux, *en or*.

3º Il lui sera accordé un mois pour apprendre un acte, six semaines pour deux actes, deux mois pour trois.

4º Tous les jours il aura droit à deux stalles de balcon numérotées.

Arnal, autrefois, n'était pas l'homme atrabilaire et morose d'à-présent. On l'a vu très-joyeux, très-expansif et de charmante humeur, égayant ses camarades par une foule de quolibets et de traits satiriques.

Six mois après les glorieuses journées de 1830, on le nomme sergent-fourrier de sa compagnie dans la garde nationale.

Il accourt au foyer des artistes.

— Mes bons amis, s'écrie-t-il, je viens de recevoir un honneur inespéré!

— Quoi donc?

— Une paire de sardines citoyennes, et e les ai bien méritées, je vous le jure. On m'avait trouvé, la veille, endormi dans ma guérite au retour de la ronde-major; et ces braves bourgeois ont compris que je n'étais bon... qu'à les commander¹!

Bien plus, à cette époque Arnal était presque homme du monde.

Il donnait des fêtes splendides.

Un de nos amis se souvient d'avoir assisté,

1. Un jour de revue à la place Vendôme, un honnête habitant de province, qui se promenait avec son épouse, étonné de voir cette forêt de baïonnettes citoyennes, s'approche d'Arnal, et lui demande à quelle occasion la milice bourgeoise a été réunie. — Monsieur, j'en suis désolé; mais c'est un secret d'État, répond Arnal. — Et vous le connaissez, monsieur? demanda la dame. — Oui, madame, et tous mes compagnons aussi. — Alors, monsieur, faites-nous-en part; deux personnes de plus, qu'importe? mon mari est épicier et électeur. — Je comprends, madame,

chez l'artiste, au-dessus de Jockey's club, à un bal très-brillant, dont madame Doche était l'héroïne. Il y avait là nombreuse assistance, l'élite des théâtres parisiens, et des gens d'excellente compagnie.

Par exemple, il faisait dans les salons une chaleur intolérable.

Comme il était impossible d'ouvrir les

deux raisons pour qu'il s'intéresse à la politique. Eh bien, voilà ce dont il s'agit : le gouvernement ayant été averti que des malveillants se disposaient à enlever la colonne Vendôme pour la transporter à l'étranger, nous a tous placés ici pour veiller à la sûreté de cette colonne, qu'on ne contemple qu'avec fierté.
— Ah! c'est une bien bonne idée, monsieur! ce serait grand dommage de laisser voler un aussi beau monument. Et le couple provincial s'en fut, jacassant contre l'étranger, qui en voulait à cette spirale de bronze et de gloire, comme l'appelle le poète.

croisées, vu la multitude des épaules nues et le danger des pleurésies pour les danseuses, Arnal monta sur une console et brisa les vitres supérieures, ce qui établit, grâce aux rideaux, un ventilateur inoffensif et très-salutaire.

Toutes ces dames émerveillées, firent l'éloge de la galanterie d'Arnal et de son savoir-vivre.

On assure que notre héros a éprouvé dans sa vie une passion violente, et qui fit même courir à sa raison les plus grands risques.

Par bonheur les voyages et l'absence, ce remède unique au mal d'amour, dissipèrent ses chagrins, et le Vaudeville retrouva son premier comique dont il pleurait déjà la perte.

A ceux qui, le portrait d'Arnal en main, révoqueraient en doute cet épisode romanesque, nous répondrons que les jeunes premiers ne font pas seuls des conquêtes, et que le rire exerce sur les femmes une séduction puissante, un empire irrésistible. C'est un fait notoire pour qui connaît le théâtre. Au moraliste et au physiologiste à en déduire savamment les causes.

Dans sa conduite privée, Arnal est l'homme méthodique et régulier par excellence.

Il écrit, jour par jour, ses faits et gestes, et tient note fidèle de ses sensations:

C'est peut-être de tous les comédiens de ce siècle celui qui possède l'instruction la plus variée et la plus étendue.

Nous avons cité plusieurs passages de son *Epître à Bouffé*, qu'il appelle modestement *son maître*, et le lecteur a pu juger le mérite intrinsèque de la poésie d'Arnal. Il a composé une seconde épître, dédiée à Odry; un fabliau, *la Planche à bouteilles;* une boutade en vers, *les Acteurs et les Prêtres*, des contes, des chansons et des fables.

En voici une qui donnera une idée de sa manière :

Un jour, au sortir d'une école,
J'aperçois un enfant qui crie et se désole.

Je m'approche de lui. — Mon ami, qu'avez-vous?
— Ah! j'ai l'âme bien chagrinée,
Me dit-il, j'ai perdu la pièce de dix sous
Que ma mère m'avait donnée.
— Cessez, mon bon ami, de vous désespérer,
C'est un petit malheur facile à réparer.
Tenez, voici pour vous une semblable pièce.
L'enfant sourit d'abord, puis reprend sa tristesse.
— Eh bien! qu'avez-vous donc? encore du chagrin?
— Hélas! monsieur, dit-il, voilà pourquoi je pleure :
Si je n'avais pas tout à l'heure
Perdu dix sous, j'en aurais vingt!

Lorsque Arnal habite Paris, c'est un des lecteurs les plus assidus de la Bibliothèque Impériale.

Nous donnerons, avant de terminer ce petit livre, quelques pensées et aphorismes inédits, dus à sa plume et relatifs à sa profession.

« L'acteur comique doit particulièrement étudier le goût des spectateurs et y être parfaitement soumis; il doit s'attacher à deviner ce que pense le public de ce qu'il a dit. C'était le grand art de Potier. Quand on arrive à ce point, on peut risquer bien des choses. Il faut observer toutefois que cela demande une grande circonspection. A-t-on dit un mot dont l'expression ambitieuse fasse rire : au ton du rire, l'acteur doit voir si le public la trouve outrée; en ce cas, il doit aussitôt, et pendant le rire même, par une syllabe ou un geste correctif, faire comprendre qu'il connaît toute la valeur de l'expression dont il s'est servi. Sa pantomime doit signifier : « Je conviens que le mot est un peu fort; mais enfin vous savez ce que je veux dire. » Il prouve ainsi à la partie critique de l'auditoire qu'il est de son avis, et tout le monde crie bravo !

* *

« Pour l'acteur de sens, il ne suffit pas d'avoir été applaudi ; il faut savoir étudier et recevoir les applaudissements. Il en est qu'il faut interrompre, parce qu'on les a surpris plutôt que mérités. J'en dis autant de certains rires qu'il faut couper, dans la crainte que les rieurs ne s'aperçoivent de leur bonhomie et ne se fâchent. Un acteur habile, pour savoir ce qu'il doit faire, appréciera la qualité du mot qu'il lance et le ton du rire qu'il provoque. »

« Un homme d'esprit peut être un mauvais comédien; mais un bon comédien est essentiellement un homme d'esprit.

* *
*

« Les auteurs, en général, sont toujours prêts à faire l'éloge d'un confrère qui vient de tomber, et, par contre, la critique de celui qui vient d'obtenir un succès.

* *
*

« Quelques pièces sont sifflées, parce que les acteurs se sont trop occupés du soin de les faire applaudir. Sans les bravos des claqueurs, elles n'auraient point reçu tant d'applaudissements; mais elles n'auraient pas été sifflées.

⁂

« La claque fait tomber plus de pièces qu'elle n'en fait réussir.

⁂

« Un comédien doit écouter avec intérêt les personnes qui se livrent à la critique de son jeu, et faire peu de cas de celles qui ne lui adressent que des compliments.

« Ce qu'il y a de plus heureux dans la profession du comédien, c'est de jouir immédiatement des bravos qu'il a mérités, et cela d'une manière aussi éclatante que prompte. L'écrivain, le peintre, le sculpteur sont bien loin d'avoir cet avantage ; leurs œuvres sont à peine aperçues que déjà la critique a établi une prévention qui peut leur être funeste. Au théâtre, c'est autre chose. Le talent est récompensé dès qu'il est connu. En vain les camarades ou les journalistes veulent protester : le suffrage du public et tout. C'est le seul dont un comédien puisse raisonnablement s'enorgueillir. »

Certes, on ne le niera pas, ces aphorismes

sont d'une haute sagesse et d'une incontestable force de raison.

Arnal, qui habitait naguère un délicieux appartement, rue du Faubourg-Montmartre, et une magnifique maison de plaisance à Auteuil [1], a tout sous-loué et vendu, mobilier compris, pour une somme de cent mille francs.

---

1. Il l'avait achetée de Musard père, et en avait fait, dans ses détails les plus secrets, un véritable Eldorado. *Certaine pièce*, lambrissée en bois d'acajou, s'éclairait par une lampe d'albâtre. La première chose qui frappait le regard, quand on pénétrait dans l'antichambre d'Arnal, était une balance énorme, parfaitement établie sur son fléau, et dans laquelle il pesait lui-même tout ce que lui apportaient ses fournisseurs. Comme Alphonse Karr, il est l'ennemi né des marchands qui trompent sur le poids, et déclare qu'ils méritent les galères.

S'il eût accordé quelques délais à l'acheteur, il en aurait obtenu cent vingt mille ; mais il exigea qu'on le payât le jour même de la vente, espèces sonnantes et rubis sur l'ongle.

Il habite aujourd'hui la Suisse et possède deux adorables chalets au village d'Interlaken, dans le canton de Berne.

Vers la fin de l'été dernier, M. Dormeuil, directeur du Palais-Royal, alla lui rendre visite dans sa retraite, et parvint à lui faire signer un engagement de trois ans.

— Soit, dit Arnal, vaincu par son insistance ; mais le dédit n'existera pas contre toi. Si tu veux me remercier tu en seras parfaitement le maître !

Le célèbre artiste, qui joue depuis tantôt quarante ans, trouve que l'heure du repos a sonné pour lui.

C'est de la prudence et de l'orgueil bien entendu. Nous l'approuvons de ne pas suivre l'exemple de ses confrères, qu'il faut en quelque sorte chasser des planches, et qui s'obstinent à survivre à leur renommée.

Sans doute il conserve beaucoup de talent ; mais sa mémoire faiblit.

D'ailleurs, sur cette scène grotesque du Palais-Royal, il se trouve dépaysé dans le voisinage de Grassot et auprès de son beau-frère Hyacinthe.

Il voulait s'en aller après *Mesdames de Montenfriche*, et il n'a joué qu'à son corps défendant l'*Affaire de la rue de Lourcine*.

Arnal est très-pudique de sa nature.

Certains mots qu'il faut lancer dans cette maison lui brûlent le gosier. Il déclare, à qui veut l'entendre, qu'il ne comprend absolument rien à ce genre de littérature.

Le comédien illustre, dont nous achevons l'histoire, n'a point d'ancêtres au théâtre, et très-probablement il n'y laissera point de descendance. C'est un artiste individuel *et sui generis*.

Matthews, acteur anglais, disait de lui-même :

— « Le ciel, ne pouvant me faire beau, m'a fait comique. »

Plus avare pour Arnal, le ciel ne l'avait même pas fait comique; mais il l'est devenu à force de soins, d'observation, de patience et d'efforts. Il n'en a que plus de mérite, et n'en a droit qu'à plus de louanges.

FIN.

Paris.— Typographie de Gaittet et Cie, r. Gît-le-Cœur, 7.

Mon cher monsieur

Je suis venu po[ur]
vous parler d'une cho[se]
assez importante ~~
~~remonte~~ Le préside[nt]
tous les acteurs, excep[té]
moi, feront nouveau[x]
dans la pièce — p[uis]
je pars à la fin du [mois]
~~cette reprise en ce mo[ment]~~
m'a tout l'air d'une most[if...]

VIENT DE PARAITRE
Chez GUSTAVE HAVARD, 15, rue Guénégaud.

LA LECTURE,
JOURNAL DE ROMANS,

DEUXIÈME VOLUME.

Premier semestre de la deuxième année :

LE NAUFRAGE DE LA MÉDUSE,
Par Charles Deslys.

LES DRAMES INCONNUS,
Par Frédéric Soulié,

LES SOUVENIRS D'UN ENFANT DU PEUPLE,
Par Michel Masson.

En cours de publication dans le 2e semestre

LE PARADIS DES FEMMES,
Par Paul Féval.

Prix de chaque Numéro : 5 cent.

DEUXIÈME ÉDITION

MÉMOIRES
SUR
BÉRANGER

SOUVENIRS, CONFIDENCES,
OPINIONS, ANECDOTES, LETTRES, ETC.,

PAR SAVINIEN LAPOINTE.

Accompagnés d'une magnifique photographie
représentant la tête de **BÉRANGER**
à ses derniers moments,

Exécutée par BILORDEAUX,

Un fort vol format Charpentier. Prix : 3 fr.

Le même Ouvrage, tiré à 100 exemplaires sur papier de Hollande, numérotés de 1 à 100. Prix.................................. 10 fr.

VIENT DE PARAITRE.

BIBLIOTHÈQUE

POUR TOUS

ILLUSTRÉE,

Romans, Histoire, Voyages, Littérature, etc.

10 000 LETTRES D'IMPRESSION POUR 1 CENTIME.

Chaque Ouvrage, contenant de 5 à 600 000 lettres,

Prix : 50 centimes.

EN VENTE :

L'Italien, ou le Confessionnal des Pénitents noirs, par ANNE RADCLIFFE. 50 c.
Les Parvenus, par PAUL FÉVAL. 50 c.

VIENT DE PARAITRE.

L'ÊTRE
OU ÉBAUCHE
D'UNE ÉTUDE INTÉGRALE
DE LA VIE UNIVERSELLE,
PAR F. CANTAGREL.

1er MÉMOIRE :
Comment les Dogmes commencent.
(2e tirage.)

ACHILLE TRINQUIER.

MÉLANGES POÉTIQUES.
LE GIAOUR.
PARISINA. — LA BATAILLE PERDUE.
MORALITÉS.
Un vol. in-18. Prix : **1** fr.